AF144368

Winterzeit, tief verschneit

Otfried Preußler   Daniela Chudzinski

Winterzeit, tief verschneit

Geschichten zum Vorlesen

Herausgegeben von
Regine Stigloher

Thienemann

Vorwort

Ich bin ein Geschichtenerzähler. In diesem Beruf war ich Lehrjunge von klein auf, zuerst bei meiner Großmutter Dora und später beim Hub-Förster, beim Schneider-Gottl im Gasthaus zur Pyramide, bei anderen Waldkäuzen im heimatlichen Isergebirge, diesseits und jenseits der böhmisch-schlesischen Grenze. Mein Vater hat solche Geschichten gesammelt und aufgeschrieben, ich habe ihn hin und wieder auf seinen Wanderungen begleiten dürfen.

Die Abende in den niedrigen Baudenstuben werde ich nie vergessen. Das leise Summen der Petroleumlampe, der Duft nach getrockneten Kräutern, nach Waldheu und Beeren, nach Leinöl und Ziegenmilch. Im Ofen knistert das Kienholz, übers Dach fährt der Sturm hinweg. Oder ist es der Nachtjäger, der an den Fenstern rüttelt? Mit heißen Ohren lausche ich dem Erzähler. Unwiderstehlich ziehen mich die Geschichten in ihren Bann …

5

Seit jeher gehört meine besondere Vorliebe Geschichten aus der kalten Jahreszeit. Wenn ihr Lust habt, werde ich euch im Verlauf des Winters ein paar Geschichten erzählen: von Schnee und Eis, von Frost und Kälte, aber auch vom heiligen Nikolaus, vom Christkindl, den Heiligen Drei Königen etwa.

»Und diese Geschichten?«, werdet ihr fragen. »Sind sie auch wirklich wahr?«

Dazu kann ich nur sagen: Wer mir meine Geschichten glaubt, für den sind sie wahr. Und wer sie mir nicht glaubt, für den sind sie eben nicht wahr – aber er tut mir ein bissl leid.

Otfried Preußler

Inhalt

Beginnen will ich
mit einer Geschichte
vom kleinen Wassermann,
der tief unten
auf dem Grund
des Mühlenweihers wohnt.
Macht es euch gemütlich
und hört gut zu …

Gute Nacht,
kleiner Wassermann!

Die Tage vergingen, das Jahr wurde älter und älter. Schon waren die Bäume entblättert, es regnete oft. Immer seltener kamen die Kinder aus dem nahe gelegenen Dorf, mit denen sich der kleine Wassermann im Lauf des vergangenen Sommers angefreundet hatte, zum Mühlenweiher. Und wenn sie es doch einmal wagten, so trugen sie lange Strümpfe und Wettermäntel. Der kleine Wassermann wartete häufig vergebens auf sie.

Eines Morgens schien oben nach langer Zeit wieder die Sonne. Das merkte der kleine Wassermann, als er zum Fenster hinaussah. Das Wasser war hell und klar wie seit Tagen nicht mehr. Da dachte der Junge: Heut kommen

sie ganz bestimmt!
Und er freute sich sehr
auf das Wiedersehen mit ihnen. Er
konnte nicht wissen, was über Nacht mit dem
Mühlenweiher geschehen war. Ahnungslos zog er sich an,
aß sein Frühstück und machte sich auf, um ans Ufer zu
schwimmen. Er wollte sich dort, wie es seine Gewohnheit
war, in die Zweige der alten Weide setzen und Ausschau

halten. Wenn er die Freunde dann kommen sah, wollte er winken.

Er dachte sich gar nichts Besonderes, als er emportauchte. Aber da stieß er auf einmal mit seiner Nase an etwas sehr Hartes und Kaltes. Es war ihm nicht möglich, den Kopf aus dem Wasser zu stecken.

»Das ist aber sonderbar!«, sagte er sich. »Ich stoße an etwas an, das ich spüren kann, aber nicht sehe. Was mag das nur sein? Ob ich anderswo durchkomme? Auftauchen muss ich auf alle Fälle, das wäre ja noch schöner!«

Aber sooft es der Wassermannjunge versuchte, es ging nicht. Der ganze Weiher war wie mit

Glas überzogen. Da musste der kleine Wassermann einsehen, dass er nichts ausrichten konnte. Nachdenklich schwamm er nach Hause.

»So, so«, meinte der Wassermannvater, als ihm der Junge von seiner Entdeckung berichtet hatte. »Dann wären wir also schon wieder so weit. Es wird Winter, der Weiher ist zugefroren. Nun heißt es ins Bett gehen und die Decke über die Ohren ziehen – und schlafen.«

»Aber wir sind doch gerade erst aufgestanden«, antwortete der Wassermannjunge.

»Das ändert nichts«, sagte der Vater. »Die Zeit ist nun einmal gekommen, da muss sich ein Wassermann fügen. Im Winter verpasst man ja sowieso nichts. Und wenn es dann Frühling wird, weckt uns die Sonne schon rechtzeitig wieder auf.«

»Weißt du das sicher?«, fragte der kleine Wassermann.

»Ja«, meinte der Vater, »das weiß ich. Ich weiß das so sicher, wie du mein Junge bist. Komm und nun legst du dich nieder, die Mutter hat schon die Betten gerichtet.«

Der kleine Wassermann folgte und ging in die Schlafstube. Weil er auf einmal sehr müde war, half ihm die Mutter beim Ausziehen. Als er dann glücklich im Bett lag, gab ihm der Vater noch einmal die Hand und nickte ihm freundlich zu.

»Bis zum Frühjahr!«, sagte der Wassermannvater.

»Ja, bis zum Frühjahr …«, sprach ihm der kleine Wassermann nach. »Bis … zum … Früh…jahr …«

Er dachte an seine Freunde, er dachte an alles, was er bis heute erlebt hatte. Wie er zum ersten Mal mit dem Vater quer durch den Weiher geschwommen war, wie sie im Schlingpflanzendickicht Verstecken gespielt hatten, wie er danach auf dem Rücken des Karpfens Cyprinus zurückreiten durfte. Die Fahrt mit dem hölzernen Kasten – die Rutschpartie übers Mühlenrad – und die silberne Mondnacht am Ufer …

Sehr schön war das alles gewesen, so schön, dass sich gut und gern einen Winter lang davon träumen ließ.

»Gute Nacht, kleiner Wassermann!«, hörte er jemanden sagen.

Die Stimme schien weit aus der Ferne zu kommen. Wer war das nur, der da gesprochen hatte? Es war eine gute Stimme, er kannte sie.

»Gute Nacht, kleiner Wassermann!«, sagte die Stimme noch einmal.

Da wusste der kleine Wassermann, dass es die Stimme der Mutter gewesen war. Und er freute sich, dass er die Mutter noch einmal gehört hatte, ehe er vollends hinüberschlief – in den traumhellen Wassermannwinter.

Nicht nur der kleine Wassermann
hält einen Winterschlaf.
Auch Zwottel, der Zottelschratz
aus den Worlitzer Wäldern,
hat den Winter verschlafen,
bevor er bei seinem Freund Hörbe
ins Hutzelmannhaus
im Siebengiebelwald einzog.
Jetzt freilich liegt er
mit einer Erkältung im Bett ...

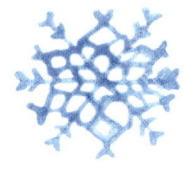

Es schneit, es schneit

Zwei Tage lang musste Zwottel im Bett bleiben und sich auskurieren. Endlich, am Morgen des dritten Tages, durfte er wieder aufstehen. Und was sah er da, als er zum Stubenfenster hinausschaute? Draußen war alles weiß von Schnee – und es schneite und schneite weiter, in feinen Flocken, in dichtem Fall.

»Hörbe!«, rief Zwottel in höchster Aufregung. »Denk dir, es schneit, es schneit!«

»Es schneit schon seit gestern Abend«, sagte der Hutzelmann. »Und es wird auch noch weiterschneien.«

Er deutete auf den großen Hut: Der war in der Zwischenzeit über und über weiß geworden – weiß wie die

19

kleine Lichtung vor Hörbes Haus, wie die Wurzelknorren, die Steine, das Moos an den Rändern der Wasserquelle.

»Seit gestern Abend schon?« Zwottel wollte es gar nicht glauben. »Aber das hätte ich riechen müssen … Noch nie hat mich meine Nase im Sti-Sta-Stich gelassen!«

»Mach dir nichts draus«, meinte Hörbe. »Von einer Schnupfennase kannst du nicht mehr verlangen.«

»Ja, das mag sein.« Der Zottelschratz nieste ein paarmal kräftig, dann meinte er:

»Übrigens muss ich dir was gestehen, Hörbe. Früher ist unsereins immer furchtbar schläfrig geworden um diese Jahreszeit. Spätestens wenn der erste Schnee fiel, hab ich mir rasch eine Höhle gesucht – und dort bin ich dann eingeschlafen …«

»Für lange?«

»Mal so und mal so – je nachdem, ob der Winter lang oder kurz gewesen ist. Unsereins wacht ja immer erst auf, wenn es wieder Frühling wird. Aber ich kann mir nicht helfen, Hörbe: Diesmal ist alles anders. Unsereins ist noch kein bisschen schliefrig, unsereins ist noch kein bisschen schläfrig, unsereins fühlt sich frisch und munter … Liegt das womöglich auch am Schnupfen, haptschiii?«

»Wohl kaum«, sagte Hörbe.

In Zwottels Leben hatte sich viel verändert während der letzten Wochen, das stimmte schon. Ob er in Zukunft wohl überhaupt einen Winterschlaf halten würde? Da er ja nicht mehr ständig im Freien lebte, hatte er eigentlich keinen Grund dazu.

Warten wir's ab, dachte Hörbe. Nun kommt ja bald Weihnachten – und da fände ich's schön, wenn Zwottel wenigstens über die Feiertage noch wach bliebe …

Es schneite, es schneite, es schneite. Wenn Hörbe und Zwottel nicht miteinander redeten, war es ganz still im Haus. Nur das Feuer im Ofen knackte von Zeit zu Zeit, und der Teekessel summte. Und manchmal hörten sie, wie sich draußen Schnee von den Zweigen löste und auf den Reisighaufen herunterfiel.

»Der Winter fängt diesmal gleich richtig an«, meinte Hörbe. »Es kann nicht mehr lange dauern, dann hat es uns zugeschneit.«

»Wäre das schlimm?«, fragte Zwottel.

»Im Gegenteil«, sagte der Hutzelmann. »Je mehr Schnee überm Dach, desto besser. Weil wir's dann immer hübsch warm und gemütlich haben im Haus – verstehst du?«

»Eigentlich nicht so ganz«, musste Zwottel zugeben. »Der Schnee ist doch kalt, das weiß sogar unsereins. Und nun behauptest du, dass wir's darunter warm hätten?«

»Aber ja doch!«, rief Hörbe. »Der Schnee ist wie eine Decke aus weißem Flausch. Sie hält uns den kalten Wind und den Frost vom Leib – und solch eine Decke, Zwottel, kann gar nicht dick genug sein.«

*Der Winter hat aber nicht nur
unangenehme Seiten,
wie wir alle wissen ...*

Winterfreuden

Am nächsten Tag war die Welt weiß, sie war still und friedlich. Vergnügt kehrte Hörbe von seinem Spaziergang nach Hause zurück. Er bog um die Brombeerhecke und trat auf die kleine Lichtung hinaus: Da verschlug es ihm fast den Atem.

Zwottel, der Zottelschratz aus den Worlitzer Wäldern, hing in den Zweigen der alten Fichte hinter dem Hutzelmannhaus – und was tat er dort oben? Er rüttelte an den Ästen und schüttelte Berge von Schnee herunter!

»Oho!«, rief Hörbe verdutzt. »Was soll das nun wieder?«

»Na – was wohl?«, krähte der Zottelschratz. »Unsereins schi-scha-schüttelt gerade ein bisschen Schnee von den

Zweigen, da werden wir's unterm Reisighaufen hübsch warm haben, wenn es
draußen kälter wird!«

»Aha«, brummte Hörbe. »Und dass du uns
mit dem vielen Schnee auch den Eingang zuschüttest –
daran hast du wohl nicht gedacht?«

»Nö«, sagte Zwottel mit einem Achselzucken. »Unsereins kann eben nicht an alles zugleich denken, Hutzelmann. Außerdem lässt sich der Eingang ja wieder frei-
schaufeln – oder?«

»Und wer soll das tun?«

»Na, ich denke: Das könntest du tun. Man muss sich ja
die Arbeit teilen – du selber hast es mir oft gesagt!«

»Das könnte dir wohl so passen!«

Hörbe warf einen Schneeball nach Zwottel und traf ihn
genau an der linken Achsel.

»U!«, kreischte Zwottel auf, damit hatte er nicht gerechnet. Erschrocken ließ er den Ast los, an dem er hing –
und plumps! lag er unten, im tiefen Schnee.

»Soll das vielleicht ein Spaß sein?!«

Er hatte Mühe, sich wieder hochzurappeln – da traf
ihn der nächste Schneeball, zur Abwechslung auf den
Bauch.

»Na warte, das kriegst du zurück!«

Was Hörbe konnte, konnte der Zottelschratz schließlich auch! Nun flogen die Schneebälle hin und her, dass es nur so pfatschte.

Die Freunde quietschten, die Freunde lachten. Sie ächzten und krächzten, sie husteten, prusteten, schluckten und spuckten – bis dann mit einem Mal eine laute Polterstimme dazwischenrief: »Heda, ihr beiden! Seid ihr verrückt geworden?«

Der Nörgelseff! Zufällig war er mit einem Schlitten voll Brennholz vorbeigekommen.

»Was treibt ihr da?«, knurrte er tadelnd. »Wisst ihr nicht, werte Nachbarn, dass Übermut selten guttut? Der Winter ist eine schwierige Jahreszeit. Das muss man sich immer gut vor Augen halten – besonders bei uns hier, im Siebengiebelwald!«

Zu Beginn der Adventszeit,
am Vorabend des 6. Dezember,
kommt der Nikolaus.
Lasst euch erzählen,
wie es damals war,
als ich noch ein kleiner Junge gewesen bin …

Lieber guter Nikolaus

Bei uns in Reichenberg begann der Winter mit dem ersten Schnee, der häufig schon Mitte November fiel. Um den Nikolaustag am 6. Dezember hatte die Stadt unterm Jeschken endgültig ihr weißes Kleid angelegt.

Noch zu Zeiten unserer Großeltern sind in Reichenberg die Kinder vom heiligen Sankt Andreas beschert worden, von dem niemand genau wusste, wie er aussah. Später hat dann der heilige Nikolaus auch in der Stadt an der Neiße die Rolle des vorweihnachtlichen Gabenbringers übernommen. Begleitet wurde er von einem gehörnten Krampus im Zottelpelz und mit rasselnder Kette.

Vom »Nikolo«, wie er nach Wiener Mode in besseren

 33

Kreisen genannt wurde, wussten wir ziemlich genau, wie er aussah. In vielen Auslagen der Stadt war sein Abbild zu sehen, sei es als Puppe, sei es als Schokoladenfigur oder als Lebkuchenmann. Er trug einen roten Mantel mit prächtigen Borten, er trug einen weißen Rauschebart, eine hohe Bischofsmütze und hielt in der Rechten den Bischofsstab.

In einigen Familien trat er leibhaftig in Erscheinung und nahm die Kinder ins Gebet, wobei er es nicht an Ermahnungen fehlen ließ, aber auch nicht an verdientem Lob. Dann griff er in seinen Sack und verteilte die sorg-

34

sam verpackten Gaben, zu denen neuerdings manchmal auch Pomeranzen gehörten, also Orangen, manchmal sogar eine Tafel Milchschokolade – und neben dem unvermeidlichen Kohlestückchen, das daran erinnern sollte, dass man nicht immer nur brav gewesen war im vergangenen Jahr, überreichte er den Herren Lausbuben bisweilen auch eine Rute.

Bei uns daheim polterte er lediglich an die Haustür. Während wir Kinder uns ängstlich an die Großmutter drängten, ging die Mutter hinaus ins Vorhaus und sagte: »Lieber guter Nikolaus, brave Kinder sind im Haus.« Wenn wir dann nach langem Zögern nachschauten, lagen seine Gaben auf der Türschwelle.

Mein Glaube an die leibliche Existenz des heiligen Mannes war so fest und so unerschütterlich, dass ich seinetwegen eines Tages sogar mit dem Robert Herzog in Streit geriet.

Der Robert war ein Jahr älter als ich, er ging in die dritte Klasse. Auf dem gemeinsamen Heimweg von der Schule begann er sich über den heiligen Nikolaus lustig zu machen – ja, er behauptete rundheraus, dass es ihn gar nicht gebe!

Ich widersprach ihm unter Berufung auf meinen Vater. Sein Vater, sagte der Robert, wisse das besser; immerhin sei er Oberlehrer und meiner bloß Lehrer.

Es blieb nicht beim Wortwechsel. Mit geballten Fäusten gingen wir aufeinander los. »Den Nikolaus gibt es!«, schrie ich. »Den Nikolaus gibt es nicht!«, schrie der Robert zurück. Wir balgten uns, wie nur zwei Jungen unseres Alters sich balgen konnten. Ein fremder Erwachsener hat uns getrennt. Damals fühlten sich die Erwachsenen noch für alle Kinder der Stadt verantwortlich, nicht nur für die eigenen.

Ich kam ziemlich spät und zerrupft nach Hause. Den Eltern berichtete ich voller Stolz, was geschehen war – und wie ich's dem Robert gezeigt hatte, weil er mir weismachen wollte, dass es den Nikolaus gar nicht gibt. Das

erwartete Lob der Eltern blieb leider aus, sie haben nur einen langen Blick miteinander gewechselt.

Am nächsten Morgen, mein Bruder schlief noch, nahm mich der Vater beiseite. »Ich glaube, wir müssen dir sagen, wie es sich wirklich verhält mit dem heiligen Nikolaus … Nein, keine Sorge, es gibt ihn natürlich – bloß dass er nicht mehr auf dieser Erde lebt: Er lebt nur noch in den Geschichten fort, die sich die Leute von ihm erzählen. Von ihm und von seiner Güte, von seinen Wundern, von seinen Wohltaten, die er als Bischof von Myra vollbracht hat, drüben im Morgenland – das ist nun schon weit über tausend Jahre her. Dennoch werden die Kinder noch heute in seinem Namen beschenkt …«

Ich war sprachlos, war fassungslos. Es fehlte nicht viel und ich hätte losgeheult. Da sagte der Vater mit ruhiger Stimme zu mir: »Du bist nun ein großer Junge – und große Jungen müssen eben allmählich lernen, dass es andere Wahrheiten für sie gibt als für kleine Kinder.«

»Aber«, fügte die Mutter leise hinzu, »deinem kleinen Bruder, dem Wolfi, wollen wir seinen Kinderglauben noch eine Weile lassen, versprich mir das.«

Ich versprach es den Eltern nur allzu gern.

Wenn ich an die Adventszeit denke,
steigt mir unweigerlich der Geruch
von Großmutter Doras frisch gebackenen
Plätzchen in die Nase.
Dann denke ich an
allerlei »Heimlichkeiten«
und erinnere mich daran,
wie froh wir Kinder waren,
als der letzte Schultag vor den Weihnachtsferien
endlich gekommen war.
Auch die Schulkinder von Lehrer Klingsor,
der ein bisschen zaubern konnte,
haben diesen Tag kaum erwarten können …

Wollen wir singen, Kinder?

Der erste Schnee fiel, in den Auslagen der Geschäfte waren die ersten Tannenzweige zu sehen, die ersten Weihnachtskerzen, die ersten Lebkuchen. Auch in der Rudolfschule begann es zu weihnachten, alle Tage ein wenig mehr.

Am ersten Schultag nach den Sommerferien hatte Herr Klingsor die dritte Klasse zum ersten Mal betreten; am letzten Schultag vor den Weihnachtsferien sollte er sie für immer verlassen. Er hatte ein bisschen Sorge davor – und plötzlich war dann der Tag gekommen.

Die Kinder ahnten ja glücklicherweise noch nichts, die freuten sich auf das Christkind und auf die Feiertage.

Bloß dem Herrn Lehrer Klingsor, dem war es heute ausnehmend schwer ums Herz. Wie sollte er es den Kindern beibringen, dass er aus Reichenberg wegging?

Sie alle, die Hilde Bienert, der Herbert Löwit, die Dreithaler-Zwillinge, Knoblochs Paulchen, das blasse Mariechen Kleinwächter, Hampels Hugo und Bergmanns Eva: Sie alle, wie sie auch hießen, waren ihm sehr ans Herz gewachsen. Wie sehr, das merkte er eigentlich jetzt erst.

Wie damals, an ihrem ersten gemeinsamen Schultag, holte Herr Klingsor auch heute wieder die Geige hervor und setzte den Bogen an.

»Wollen wir miteinander singen, Kinder?«

Nun sangen sie alle Weihnachtslieder, die sich die Kinder wünschten, eins nach dem andern. Herr Klingsor spielte dazu auf der Geige. Und er spielte so wunderschön, dass die Kinder es nie mehr vergessen konnten. Noch als Großmütter, noch als Großväter haben sie ihren Enkelkindern manchmal davon erzählt, wie schön der Herr Klingsor damals gespielt hat auf seiner Geige.

Und noch etwas haben sie nicht vergessen, die Kinder aus der dritten Klasse!

Ganz zuletzt, nachdem sie schon alle Weihnachtslieder gesungen hatten, die letzte Schulstunde vor den Ferien ging allmählich zu Ende: Ganz zuletzt hat sich das Mariechen Kleinwächter noch gemeldet, das stille blasse Mariechen.

»Ja, was gibt's denn, Mariechen?«, hat der Herr Klingsor gefragt.

»Ich hätte noch eine Bitte, Herr Lehrer«, hat das Mariechen mit leiser Stimme geantwortet, und es ist über und über rot geworden dabei. »Könnten wir nicht das Lied singen, das ich von allen Weihnachtsliedern am liebsten mag? Es heißt ›Freu dich, Erd- und Sternenzelt‹ – aber ich weiß nicht, ob Sie es überhaupt kennen …«

Wie hätte es der Herr Klingsor nicht kennen sollen, das schöne alte

böhmische Weihnachtslied! Er kannte es, und das Marie-chen Kleinwächter kannte es, aber die andern Kinder kannten es leider nicht.

»Dann wirst du es ihnen halt vorsingen müssen«, sagte Herr Klingsor, als ob es die selbstverständlichste Sache der Welt sei.

»Ich allein?«, fragte das Mariechen ängstlich. »Aber ich weiß nicht, bitte, ob ich das kann …«

»Du kannst es, Mariechen«, sagte Herr Klingsor und setzte die Geige an.

Was nun geschah, hätte keines der Kinder für möglich gehalten: Das blasse Mariechen Kleinwächter schloss die Augen und fing zu singen an. Ganz allein sang es, von Herrn Klingsor begleitet, das alte Weihnachtslied.

Von der zweiten Strophe an sangen die andern Kinder das immer wiederkehrende Halleluja mit. Und alle waren erstaunt darüber, wie schön und klar das Mariechen Kleinwächter singen konnte. Das hätte ihm niemand zu-getraut, das Mariechen sich selbst vermutlich am aller-wenigsten.

»Schön hast du das gesungen, Mariechen!«, sagte Herr Klingsor. Und das Mariechen war stolz und froh darüber, es hatte vor lauter Aufregung rote Backen bekommen.

Später verlor sich die Röte allmählich wieder – aber

nicht ganz. Ein wenig davon blieb für immer zurück auf Mariechens Wangen. Das stand ihm sehr gut zu Gesicht, dem Mariechen Kleinwächter, das von jetzt an nie mehr das blasse Mariechen genannt wurde. Dazu bestand ja kein Grund mehr.

Die letzte Schulstunde vor den Weihnachtsferien war zu Ende, im Treppenhaus schwenkte der Herr Schuldiener Büttner die Glocke. Und nun hätte Herr Klingsor den Kindern eigentlich sagen müssen, dass er im neuen Jahr nicht mehr kommen würde …

Warum er es ihnen schließlich doch nicht gesagt hat?

Er hat ihnen wohl die Weihnachtsfreude nicht trüben wollen. Nach den Ferien war es früh genug, wenn sie alles erfuhren. Also hat er ihnen nur frohe Feiertage gewünscht.

Und zum Abschied hat er dann jedem Kind noch einzeln die Hand gegeben. Das war sonst nicht üblich.

Die siebenunddreißig Kinder der dritten Klasse haben sich nichts gedacht dabei, sie dachten an Weihnachten und ans Christkind. Erst viel später, am Morgen des ersten Schultages nach den Weihnachtsferien, haben sie dann begriffen, weshalb ihnen der Herr Lehrer Klingsor am letzten Schultag des alten Jahres allen noch einmal die Hand gedrückt hatte.

 45

Auf dem Christkindlmarkt gibt es
neben gebrannten Mandeln und
heißen Maroni, neben Zwetschgenmanneln
und Christbaumschmuck auch Krippenfiguren
zu kaufen.
Hier allerdings ist von einer
ganz besonderen Weihnachtskrippe die Rede ...

Die Krippe im Museum

Um meinem kleineren Bruder und mir die unendlich lange Warterei auf den Heiligen Abend etwas zu verkürzen, nahm uns der Vater gelegentlich mit ins städtische Museum. Dort war in der Adventszeit eine große bewegliche Weihnachtskrippe aufgebaut, die fast einen ganzen Raum ausfüllte. Jedes Mal von Neuem standen wir staunend vor der wundersamen Landschaft, die aus einer Vielzahl von Latten, Leisten und Brettern liebevoll zusammengebaut und zu weiten Teilen mit Platten von samtenem Moos bedeckt oder mit Stücken von Baumrinde oder Felsenpapier verkleidet war.

Die Hügel, Felder und Berge, die Weiler und Bauernhäuser waren mit unzähligen handgefertigten Figuren und Tieren bestückt, die aus aufeinandergeklebten Lagen Papier oder Pappendeckel herausgeschnitten und bunt bemalt waren. Wir Buben waren recht gespannt: Ob wohl auch heuer am Weihnachtstag eine neue Figur hinzukommen wird? Letztes Jahr hatten wir nach langem Hin- und Herrätseln eine Bäuerin entdeckt, die wir noch nicht kannten und die mit vollen Eierkörben nach Bethlehem eilte. Das Jahr davor hatten die Schafe Zuwachs bekommen.

Ein Besuch kurz vor Heiligabend ist mir in besonderer Erinnerung geblieben: Eigens für meinen Bruder und mich hatte der Museumsdiener die Kerzen angezündet, die sich am vorderen Krippenrand befanden, von einer Blendleiste gegen die Zuschauer abgedeckt, sodass sie ihr volles Licht auf die Krippe werfen konnten und diese ausleuchteten bis in die fernsten Winkel. Im Vordergrund des Heiligen Landes steht auf der linken Seite, von einigen hochgewachsenen Palmen überschattet, der Stall von Bethlehem: ein altes, stark vom Verfall bedrohtes Gemäuer mit nur teilweise noch vorhandenem Strohdach und einem großen steinernen Torbogen, der auf zwei gottlob noch halbwegs vertrauenerweckenden Pfeilern ruht. Unter dem Torbogen kniet die Muttergottes, eingehüllt in ihren blauen Mantel, beugt sie sich über das liebe Jesulein in der Krippe. Sie lächelt dem Kindlein zu, das ihr die Arme entgegenstreckt. Der heilige Josef, samt Ochs und Esel hält sich mehr im Hintergrund.

Über dem Stall, zwischen den Wipfeln der Palmen, singen und jubilieren, an Zwirnsfäden von der Decke herniedergeschwebt, die Gloria-Engel, von welchen der größte und schönste ein seidenes Band mit der golden prangenden Aufschrift »Ehre sey Gott in der Höhe« zwischen den ausgebreiteten Armen hält.

Ich hatte immer ein bisschen Mitleid mit ihm, denn während der Zeit, in der üblicherweise die Weihnachtskrippen aufgebaut sind (von Weihnachten bis Lichtmess, also gut sechs Wochen), musste das selbst für einen Gloria-Engel recht anstrengend sein. Deshalb war ich fest davon überzeugt, dass er bestimmt – wenn gerade niemand hinschaut – die Arme ein bisschen hängen lässt. Aber so oft ich ihn auch beobachtete, leider hab ich ihn nie dabei erwischt – der Wolfi übrigens auch nicht.

Je länger wir mit unseren Augen die Krippenlandschaft durchwanderten, umso mehr Einzelheiten konnten wir entdecken: Es gab Handwerksbetriebe und Wirtshäuser, da eine Windmühle auf dem Hügel, dort eine Glashütte in den Wald geschmiegt und darüber, auf einem Bergrücken, von Mauern und Türmen umgeben, die heilige Stadt Jerusalem.

Zu unserer großen Freude setzte der Vater mit zwei Gewichten aus Stein, wie bei einem Uhrwerk, die Mechanik der Krippe in Gang, sodass mit einem Mal Bewegung ins Heilige Land kommt. Plötzlich fangen hinten im Bergwald die Holzknechte mit der Arbeit an, Äxte und Beile schwingend die einen, während zwei andere emsig an einem Baumstamm sägen, obwohl sie's ja allmählich wissen müssten, dass sie ihn niemals entzwei bekommen werden.

In seiner Werkstatt am rechten Rand hämmert der Schmied mit dem Zuschläger um die Wette auf den Amboss ein, es schleppen die Müllerburschen das Mehl zur

Mühle, es schweifen die
Wäscherinnen am Bach
die Wäsche, es drehen sich

die Spinnräder und die Haspeln, es grasen die Kühe, es
weiden die Schafe auf allen Hängen, es rennen zwei Ziegenböcke gegeneinander an, mit gesenkter Stirn; und
wenn sie zusammenprallen, so wetzen sie kurze Zeit die
Hörner aneinander, dann nehmen sie wieder Anlauf zu
neuem Kampf.

An mehreren Stellen des Heiligen Landes spannen sich
Brücken über die Täler und Felsenschluchten, da sieht
man nun Hirten über den Abgrund ziehen, mit Hund
und Herde, ein Polizist setzt einem Vagabunden nach,
der sich mit einer gestohlenen Gans unterm Arm davonmacht; es folgen ein Scherenschleifer mit seinem Schleifstein, ein Bärenführer mit seinem Bären, ein Lumpensammler, ein Jäger, ein Vogelsteller, ein Bauer mit einem
Schubkarren voller Mist.

Und schau nur: Ganz hinten, am äußersten Ende des
Heiligen Landes, da schleichen auf schwankendem Steg
ein paar Pascher der Grenze zu. Sechs oder sieben
Schmuggler sind es, mit rußgeschwärzten Gesichtern und
prallen Rucksäcken.

Ihnen folgt, im Abstand von wenigen Schritten, die Heilige Familie auf ihrer Flucht nach Ägypten: Die Muttergottes mit dem Jesulein im Arm reitet auf dem Esel, den der heilige Josef führt. Das Spaßigste an der Sache ist, dass sie, wenn sie den Steg überquert haben und von der Bildfläche verschwunden sind, bald darauf auf der rechten Seite wieder auftauchen und erneut hinter den Schmugglern herlaufen.

So ist das also ein ständiges Gehen und Wiederkommen gewesen auf diesem Steg – wie übrigens auf den anderen Brücken auch. Zur gleichen Zeit hat man überall im Heiligen Land ein leises Schleifen und Schnurren gehört, ein Ticken und Tacken, ein Knistern und Klappern und Schaben und leichtes Scharren: Das ist von der Mechanik der Krippe ausgegangen.

Nach einer kleinen Weile ist der Antrieb zu Ende gewesen, denn das Gewicht, das der Vater vorher nach oben ziehen musste, hatte den Fußboden erreicht. Da ist mit der gleichen Plötzlichkeit, wie es zuvor begonnen hatte, das ganze bewegliche Treiben im Heiligen Land zum Stillstand gekommen. Nichts rührt sich mehr auf den Feldern und Triften, alles ist starr und stumm mit einem Schlag. Bloß die Gloria-Engel zwischen den Wipfeln der Palmenbäume wiegen sich an ihren Fäden sachte weiter

im warmen Luftstrom, der von den Kerzenlichtern am Rand der Krippe zu ihnen aufsteigt.

Die Mechanik der Krippe hatte es mir immer schon angetan, zu gern hätte ich gewusst, ob man das Geschehen im Heiligen Land nicht vielleicht ein bisschen beschleunigen könnte. Der Vater hatte dies stets verneint. Aber heute war wohl mein Glückstag. Während der Vater durch drei Museumsbesucher mit neugierigen Fragen abgelenkt war, zog ich unbemerkt und verbotenerweise an den Gewichten der Mechanik, nur ein bisschen, ehrlich – aber das genügte: Auf der Stelle erhebt sich ein ohrenbetäubendes Rasseln und Rattern, die zwei armen Ziegenböcke rennen mit den Köpfen aneinander, dass sie

eigentlich tot umfallen müssten, der Schmied trifft den Amboss nicht mehr, und um Haaresbreite fällt der Muttergottes das Jesulein aus den Armen, weil der Esel wie wild geworden losrennt. Ich musste die Augen schließen, denn das ganze Heilige Land fing heftig an zu wackeln und drohte in sich zusammenzustürzen ...

Mir war hundeelend, das könnt ihr mir glauben, und der Wolfi fing an zu heulen. Zu allem Überfluss stand mit einem Mal der Museumsdiener, wie aus dem Boden gewachsen, neben uns. Wütend packte er uns Buben bei den Ohren und schüttelte uns. Aber Gott sei Dank beruhigte sich nach kurzer Zeit das höllische Geschehen, der Spuk auf der Krippe hörte auf, bevor größerer Schaden entstehen konnte.

Das war gerade noch rechtzeitig, denn unser Vater hatte die Museumsbesucher verabschiedet und kam zu uns. Er schien nichts bemerkt zu haben, zumindest ließ er sich nichts anmerken. Ich habe von da an immer meine Hände hinter dem Rücken verschränkt, wenn ich vor der Krippe stand, der Wolfi auch, da achtete ich genau drauf.

Der Weihnachtstag ohne einen Besuch bei der Krippe

wäre für uns kein Weihnachten gewesen. Trotzdem waren wir in diesem Jahr traurig: Wir konnten beim besten Willen keine neue Krippenfigur entdecken – leider.

Aber als wir nach dem Dreikönigsfest nochmals die Krippe betrachteten, bemerkten wir im prächtig ausgestatteten Tross der drei Heiligen, die jetzt dem Jesulein ihre Aufwartung machten, im Gefolge von König Balthasar etwas Neues: Zwei kleine Jungen, etwa in unserem Alter, standen mit etwas betretenen Gesichtern neben ihm, ihre Hände hatten sie hinter dem Rücken verschränkt.

*Voll Freude und Dankbarkeit
feiern die Menschen seit Tausend
und Tausend Jahren
die Geburt des Christkindes.
Heute erfahrt ihr,
was das kleine Eselchen
an Heiligabend erlebt hat ...*

Das Eselchen
und der kleine Engel

Es war einmal ein kleiner Esel, der war erst kürzlich zur Welt gekommen. Der Schnee auf den Feldern und Wiesen lag mindestens einen halben Meter hoch, in den Wäldern klirrte der Frost. Das Eselchen rekelte sich im Stall auf dem Stroh, seine Mutter wärmte es zärtlich mit ihrem Atem.

Manchmal erzählte sie ihm zum Einschlafen die Geschichte von jener Eselin, die vorzeiten im Stall zu Bethlehem das liebe Jesulein in der Krippe mit ihrem Atem hat wärmen dürfen, gemeinsam mit einem Ochsen: Das war nun schon Tausend und Tausend Jahre her.

61

Immer wieder musste sie dem Eselchen die Geschichte vom Gotteskind in der Krippe erzählen; es schlief sich so schön dabei ein, während draußen der Wind um den Stall fuhr.

Eines Tages erwachte das Eselchen – aber wo war die Mutter? Das Eselchen spitzte die Ohren, es blickte sich ängstlich um. Da gewahrte es nahe der Stalltür ein kleines Mädchen – oder war es ein kleiner Junge? Nahe der Tür stand ein kleiner Engel, er trug eine Pudelmütze und warme Hosen, er trug eine dicke Jacke, ein wollenes Tuch um den Hals, im Übrigen war er barfuß: Das Kind mit den nackten Füßen musste wirklich ein Engel sein.

»Du suchst deine Mutter?«, sagte der kleine Engel. »Die ist doch im Stall zu Bethlehem bei der Krippe, dort wärmt sie mit ihrem Atem das liebe Jesulein. Soll ich dich hinführen? Es ist gar nicht weit.«

Was sollte der kleine Esel dem Engel antworten? Er stieß ein lautes Iah! aus, das hörte sich an wie ein freudiges Ja. Im Dorf war es dämmrig geworden. Mit roten Wangen und roten Ohren kamen die Kinder vom Schlittenfahren zurück. Wohin sie denn wollten, das Eselchen und der kleine Engel?

»Wir wollen zum lieben Jesulein in der Krippe, im Stall von Bethlehem.«

Ja so? Die Kinder hatten es kaum gehört, da fragten sie schon, ob sie mitkommen dürften.

Das Eselchen blickte den kleinen Engel an, der kleine Engel das Eselchen. Das Eselchen ließ ein lautes Iah! hören, und so kamen die Kinder mit.

Auch zwei Mütter und eine Großmutter, die zufällig in der Nähe standen, schlossen sich ihnen an.

Neben der Dorfkirche war der Bäckerladen, die Bäckersfrau schaute zum Fenster heraus. Wohin sie denn wollten, der kleine Engel, das Eselchen und die Kinder, die Großmutter und die beiden Mütter?

»Wir wollen zum lieben Jesulein in der Krippe, im Stall von Bethlehem.«

Ja so? Die Bäckersfrau hatte es kaum gehört, da fragte sie schon, ob sie mitkommen dürften: sie selber, ihr Mann und der Bäckerjunge.

Das Eselchen blickte den kleinen Engel an, der kleine Engel das Eselchen. Das Eselchen ließ ein lautes Iah! hören, und so kamen sie alle mit.

Sie wanderten über das weite Feld, dort trafen sie einen Schäfer mit seinen Hunden und seinen Schafen. Die beiden Hunde umkreisten die Herde, die Schafe und Lämmer drängten sich dicht zusammen. Der Schäfer fragte das Eselchen und den kleinen Engel, wohin sie denn wollten – sie und die Kinder, die beiden Mütter, die Großmutter und die Bäckersleute?

»Wir wollen zum lieben Jesulein in der Krippe, im Stall von Bethlehem.«

Ja so? Der Schäfer hatte es kaum gehört, da fragte er schon, ob er mitkommen dürfte mit seinen Hunden und seiner Herde.

Das Eselchen blickte den kleinen Engel an, der kleine Engel das Eselchen. Wiederum ließ der kleine Esel ein lautes Iah! hören, und so kam auch der Schäfer mitsamt seinen beiden Hunden, den Schafen und Lämmern mit.

Das Eselchen und der Engel zogen mit ihren Begleitern durch eine kleine Stadt. Ein paar Leute hasteten durch die engen Straßen: mit Weihnachtsgeschenken beladen, mit einem Christbaum, mit einer Weihnachtsgans unterm Arm. Alle hatten es eilig, niemand achtete auf das Eselchen und den kleinen Engel und all die anderen, die ihnen nachfolgten auf dem Weg nach Bethlehem.

Nur die Würstelfrau in ihrer Würstelbude und der Herr Wachtmeister Dimpfelmoser, der an der nächsten Ecke steht, bemerkten das Eselchen und den kleinen

Engel, die Kinder, die Großmutter, die beiden Mütter, die Bäckersleute, den Schäfer mit seinen Hunden und seiner Herde. Wohin sie denn alle so spät noch wollten?

»Wir wollen zum lieben Jesulein in der Krippe, im Stall von Bethlehem.«

Ja so? Die Würstelfrau hatte es kaum gehört, da schloss sie auch schon die Würstelbude und fragte, ob sie denn mitkommen dürfte. Dies fragte auch der Herr Wachtmeister Dimpfelmoser, obzwar er ja von der Polizei und im Dienst war.

Das Eselchen ließ ein lautes Iah! hören, und so kamen auch sie mit: die Würstelfrau und der Herr Wachtmeister Dimpfelmoser.

Nun durchquerten sie einen verschneiten Wald. Zwischen den Baumstämmen äugte ein Reh hervor, bald war es ein ganzes Rudel. Der Fuchs schlich herzu, zwei Eichhörnchen kamen herbeigehuscht, drei Hasen musterten sie aus großen Augen.

»Wollt ihr mitkommen?«, fragte der kleine Engel. »Wir

sind auf dem Weg nach Bethlehem, zu der Krippe im Stall.«

Da kamen sie alle mit, die Rehe, der Fuchs, die Eichhörnchen und die Hasen. Sogar der Herr Oberförster Waldmann, der mit seinem Dackel zufällig des Weges kam, folgte ihnen nach.

Der Himmel hinter den Hügeln war hell geworden vom Licht des Weihnachtssterns. Und mit jedem Schritt wurde das Himmelszelt heller und immer heller. Was für ein Glanz, dem sie da entgegenwanderten! Über dem Stall von Bethlehem sangen die Engel des Herrn, die großen, die kleineren und die allerkleinsten: »Ehre sei Gott in der Höhe – und Friede auf Erden allen, die guten Willens sind.«

Das hörte sich an wie Orgelklang und Posaunenschall wie Flöten, Geigen und silberne Glöckchen. Den Menschen wurden die Herzen weit, auch den Tieren. Die Hunde des Schäfers, der Fuchs und der Dackel fingen vor lauter Rührung zu heulen an.

Nun standen sie vor der Krippe: die Kinder, die beiden Mütter, die Großmutter und die Bäckersleute, der Schäfer mit seiner Herde und seinen Hunden, die Würstelfrau und der Herr Wachtmeister Dimpfelmoser, die vielen Tiere des Waldes, der Dackel mit dem Herrn Oberförster.

Sie hörten die Engel singen und jubilieren, sie sahen das liebe Jesulein in der Krippe und alle beugten sie in Ehrfurcht das Knie und ließen sich von ihm segnen.

Dicht bei der Muttergottes, neben dem heiligen Josef standen ein fremder Ochs und die Mutter des kleinen Esels, die wärmten gemeinsam das liebe Jesulein in der Krippe mit ihrem Atem – genau so, wie es die Eselsmutter dem Eselchen vor dem Einschlafen immer erzählt hatte.

Da staunte das Eselchen. War sie nicht Tausend und Tausend Jahre alt, die Geschichte vom Gotteskind in der Krippe, zur Welt gekommen im Stall von Bethlehem?

»Das Wunder von Bethlehem wiederholt sich an jedem Weihnachtsabend«, sagte der kleine Engel. »Du siehst ja, zum Stall von Bethlehem ist es gar nicht weit.«

Dann führte der kleine Engel das Eselchen seiner Mutter zu, die das Christkind mit ihrem Atem wärmte, gemeinsam mit jenem Ochsen. Das Eselchen kuschelte sich ihr zu Füßen ins Stroh – und wenn es nicht eingeschlafen wäre vor Glück, dann wäre es sicherlich überaus stolz gewesen auf sie.

Wie wir seit mehr als zweitausend Jahren wissen,
kamen am 6. Januar die Heiligen Drei Könige
zum lieben Jesulein an die Krippe nach Bethlehem.
Was den Weisen aus dem Morgenland
auf dem Heimweg widerfahren ist,
weiß jedoch kaum jemand – außer mir ...

Das Lied der Zikade

Nachdem sie, dem Weihnachtsstern folgend, das Gotteskind in der Krippe gefunden, mit Weihrauch, Myrrhe
und Gold es beschenkt und den Segen dafür empfangen
hatten, so hätten sie nun getrost nach Hause zurückkeh-
ren dürfen, die Heiligen Drei Könige aus dem Morgenland, und zwar auf geradem Wege. Dies aber haben sie
nicht getan, da ein Engel des Herrn sie im Traum vor dem
König Herodes gewarnt hatte, der dem Kindlein von
Bethlehem nach dem Leben trachte, weshalb sie denn,
um den Bösewicht irrezuführen, auf allerlei Um- und Ab-
wegen weitergezogen sind, kreuz und quer durch das jü-
dische Land, bis sie schließlich der Meinung waren, es sei

an Verwirrung alles getan, was sich habe tun lassen. Jetzt erst traten sie wirklich den Rückweg an, heimzu ins Morgenland, wobei sie auch diesmal wieder das Königreich Böhmen durchwandern mussten, zur schlesischen Grenze hin.

Der Weihnachtsstern war erloschen, es lag nun an ihnen selber, den Weg nach Hause zu finden, was glücklicherweise nicht halb so schwierig war, wie es sich anhören mag. Besonders der König Balthasar aus dem Morgenland drängte zur Eile. Mit jedem Reisetag wuchs die Sehnsucht in seinem Herzen, die Sehnsucht nach seiner Frau, auch nach seinem Palast inmitten der weiten Gärten: Dort wollte er ausruhen von der Reise, Seite an Seite mit seiner schönen, der dunkelhäutigen Königin unter dem Dach eines seidenen Baldachins. Der Duft von Rosen und Mandelblüten würde zu ihnen herüberwehen – und endlich würde er dann von Ferne das sirrende, schwirrende Lied der Zikaden hören und wissen, dass er nun wieder daheim sei ...

König Balthasar ist es denn auch gewesen, der seine Gefährten dazu überredet hat, zu Fuß weiterzuwandern, denn nicht einmal mehr der Postschlitten wollte fahren, weil das Wetter so schlecht geworden war.

Beinahe hätten sich die drei Heiligen im Schnee verirrt, doch plötzlich stehen sie vor der Tür einer Hütte. Auf ihr Klopfen öffnet ihnen Herr Josef Kittel, der Kittelseff, seines Zeichens Nachtschürer auf der Glashütte an der Iser. »Nanu!«, ruft er aus. »Wen hat's mir denn da vor die Hütte geschneit? Wer seid ihr und woher kommt ihr bei diesem Hundewetter?«

»Wir kommen von ganz weit her«, erklärt ihm der Mohrenkönig und fragt, ob sie eintreten dürfen.

»No, was denn! Immer hübsch rein mit euch!« Kittelseff scheucht die Hüttenjungen herbei, den Nitsch-Hans und Breuers Gustav. »Seht ihr nicht, dass sie voller Schnee sind? Holt Besen und staubt sie ab!«

Die Hüttenjungen tun ihre Sache gründlich. Sie ruhen nicht eher, als bis sie die Fremden gänzlich vom Schnee befreit haben. »Und jetzt her mit den Mänteln und Mützen, wir hängen sie euch zum Trocknen auf!«

Wohin waren sie da geraten, die morgenländischen Majestäten? Sie standen in einem hohen und weiten, von rauchiger Wärme erfüllten Raum, der nur spärlich von waberndem Licht erhellt war. Vor ihnen erhob sich ein ungetümes Gebilde, nicht unähnlich einem Kohlenmeiler, massig und breit, nach oben hin abgerundet. An einigen Stellen, aus Ritzen und Spalten, flackerte aus der Tiefe des dunklen Gebildes Flammenschein, Feuersglut.

»No, was gibt's?«, meinte Kittelseff. »Habt ihr noch nie einen Glasofen in Betrieb gesehn?«

»Einen Glasofen?«, wiederholte der Mohrenkönig das ihnen ungeläufige Wort.

»In solchen Öfen wird Glas gemacht«, belehrte sie Kittelseff. »Aus Quarz und Kalkstein und Asche schmelzen wir's in den Flammen heraus, hier bei uns in den Wäldern. Und wir da, die Hüttenjungen und ich, wir sorgen dafür, dass das Feuer nicht ausgeht während der Zeit des Schmelzens.« Er zeigte auf eine Öffnung am unteren Rand des Ofens, aus der es den Königen feurig entgegenschlug. »Dort unten, das ist das Schürloch, da werden die vorgetrockneten Scheiter eingeschoben, hübsch langsam und gleichmäßig … No, was gibt's denn, was hat's denn?« Er wandte sich an die Hüttenjungen. »Glotzt mir nicht rum da! Holt Scheiter herzu – und dann eingeschürt, immer eingeschürt!«

Die Hüttenjungen huschten davon, Kittelseff konnte sich wieder den Fremden zuwenden.

»Ich denk mir, ihr werdet hungrig sein. Und wie steht's mit dem werten Durst?« Keine böhmische Glashütte ohne Bier, keine böhmische Glashütte ohne geröstete Erdäpfel, in der Asche des heißen Ofens herausgebraten. »Nirgendwo schmecken sie besser als hier bei uns«, behauptete Kittelseff. »Und das Bier erst, das Bier aus der Hüttenschenke! Es wird euch wohltun, es wird euch wärmen, es wird euch schläfrig machen. Gesegnete Mahlzeit wünsch ich!«

Die Könige ließen sich vor dem Glasofen nieder, am Rand der Schürgrube. Die in der Asche gerösteten Erdäpfel und das Bier aus der Hüttenschenke, das Kittelseff ihnen in einem Humpen aus grünem Waldglas reichte: Es gab nichts auf dem weiten Erdenrund, wirklich nichts, das sich mit dieser köstlichen Mahlzeit vergleichen ließ! Aus dem Schürloch strahlte den Königen Wärme entgegen und flackerndes Licht. Kittelseff schlurfte zur gegenüberliegenden Seite des Ofens, um nach den Hüttenjungen zu sehen. Als er zurückkam, meinte er rundheraus: »Übrigens ist mir was eingefallen. Drei Fremde, um diese Zeit unterwegs hier, und einer davon ein Mohr … Seid ihr am Ende gar die Heiligen Drei Könige aus dem Morgenland?«

Die seien sie in der Tat, gestand ihm der König Melchior. Es verwundre ihn bloß, dass Kittelseff sie erkannt habe.

»No, was denn, das hat sich doch mittlerweile schon rumgesprochen. Sie haben euch ja gesehen in Bethlehem, unsre Leute, die dort gewesen sind. Neumanns Toni zum Beispiel, der Botenjunge aus Dessendorf, und die alte Watznauern aus Strickerhäuser.«

»In Bethlehem, sagst du?« Der Mohrenkönig und seine Gefährten vermochten es kaum zu fassen.

»Von Engeln gerufen und hingeführt«, sagte Kittelseff. »Der Weihnachtsstern hat auch ihnen den Weg zur Krippe gewiesen, genauso wie euch. Und himmlische Heerscharen haben gesungen über dem Stall und das Kind in der Krippe hat sie gesegnet … Tut uns ock, bitt schön ihr hohen Herren, ein bissl erzählen von Bethlehem! Ist denn die Muttergottes wirklich so lieb und schön, wie's die alte Watznauern immer sagt? Und ist denn der heilige Josef wirklich ein schlichter Zimmermann? Und der Ochs und der Esel, haben sie wirklich das Kind in der Krippe mit ihrem Atem gewärmt?«

Die Hüttenjungen waren herzugekommen und hatten sich neben Kittelseff an den Rand der Schürgrube hingehockt, den Drei Königen gegenüber. Sie wagten sich kaum zu räuspern, sich kaum zu rühren. Wenn es nach ihnen gegangen wäre, so hätten sie wohl die ganze Nacht damit zubringen können, den Fremden zu lauschen. Aber die Könige waren müde vom weiten, beschwerlichen Weg durch den tiefen Schnee, ja es fielen dem König Kaspar ein paarmal sogar schon die Augen zu.

»No, da werden wir euch nicht länger aufhalten«, meinte Kittelseff, doch der Nitsch-Hans hat rasch noch was loswerden müssen, etwas, das ihn die ganze Zeit schon beschäftigt hatte. »Wenn ich die hohen Herrschaften, bitt schön, was fragen dürfte …« Hier stockte er und bekam einen roten Kopf, bevor er mit zaghafter Stimme fortfuhr: »Nämlich, ich hab noch nie eine Krone gesehn, eine richtige Königskrone …«

Die Könige aus dem Morgenland wechselten einen Blick, dann holten sie aus den Reisebündeln die Kronen hervor und hielten sie in das Licht des Ofens.

»Mein Gott, wie die glänzen!« Kittelseff schlug die Hände vors Gesicht, Breuers Gustav flüsterte: »Seht ihr die Edelsteine? Wie Brocken von buntem Glas!« Der Nitsch-Hans aber hat überhaupt keine Silbe hervorgebracht, weil er sich kaum noch zu atmen getraut hat vor Ehrfurcht und Staunen.

»Jetzt hätten aber auch wir eine Bitte an euch.« Der Mohrenkönig, nachdem sie die Kronen wieder verstaut hatten, sprach es mit ernster Miene. »Vorerst braucht niemand zu wissen, dass wir hier durchgekommen sind. Lasst ein paar Wochen ins Land gehen, ehe ihr drüber redet.«

Kittelseff und die Hüttenjungen versprachen, bis Ostern den Mund zu halten, wenn es den Herren Königen recht sei – abgemacht?

»Abgemacht«, sagte der König Melchior, darauf gaben sie sich die Hand. Und nun wollten die Könige aus dem Morgenland weiter nichts mehr als schlafen, schlafen, in Ruhe und Frieden durchschlafen bis zum nächsten Morgen.

Kittelseff brachte Decken herbei, er bereitete ihnen ein

Lager am Rand der Schürgrube: Dies sei der angenehmste, der wärmste Platz in der Hütte, da ruhe sich's wie in Abrahams Schoß. Er rate ihnen, das alte Vatterle in die Mitte zu nehmen, da sei es am besten aufgehoben. »Und ihr da!« Dies galt nun wieder den Hüttenjungen. »Dass ihr mir keinen Lärm macht, verstanden? Schürt ein, dass das Feuer im Ofen hübsch sachte und gleichmäßig weiterbrennt – und vergesst nicht: Wir haben Schlafgäste auf der Hütte!«

Die Drei Könige aus dem Morgenland bezogen ihr Nachtlager also am Rand der Schürgrube, in der Mitte der König Kaspar, zur Linken der Mohrenkönig, zur Rechten der König Melchior, jeder sein Reisebündel unter dem Kopf, und nicht lange, so waren die beiden älteren Könige eingeschlafen.

Der Mohrenkönig indessen, die Arme im Nacken verschränkt, bedachte noch einmal, was ihnen alles am heutigen Tag widerfahren war. Es schüttelte ihn noch jetzt, wenn er an den bangen Weg durch die Nacht dachte, durch das Schneetreiben, durch die einsamen Wälder. Noch einmal war alles gut gegangen für sie: Wider alle Vernunft war es gut gegangen mit Gottes Hilfe.

Und morgen? Und übermorgen?

Der Weg nach Hause, der Weg ins Morgenland – ach,

das wusste der König Balthasar nur zu gut: Er war weit, so weit … Ob sie durchkommen würden? Ob sie trotz aller Fährnisse, aller Widrigkeiten von Wind und Wetter nach Hause durchkommen würden, seine Gefährten und er?

»Gott, der du unser Vater im Himmel bist«, fing er zu beten an. »Lass mich nicht zweifeln an deiner Gnade, an deinem Beistand! Gib mir ein Zeichen in allen Ängsten, die mich befallen haben in dieser bangen Stunde – ein Zeichen der Hoffnung, der Zuversicht!«

Und siehe, was hörte der Mohrenkönig, kaum dass er den Herrn um das Zeichen gebeten hatte? Er hörte von ferne ein Lied: das Lied, nach dem er sich über die Maßen gesehnt hatte während der letzten Tage und Nächte, je länger, je mehr … Ob es wahrhaftig eine Zikade war, deren Gesang er da hörte, liegend unter dem Dach einer böhmischen Glashütte?

Lieblich sang die Zikade, mit hoher, sirrender Stimme, wie er sie noch im Ohr hatte, aus den weiten, duftenden

Gärten des Mohren-
landes, in deren Mitte
er auszuruhen gedachte von
dieser Reise, Seite an Seite mit seiner Frau, der schönen, der dunkelhäutigen, die so lange auf ihn gewartet
hatte, auch sie voller Ängste und Sehnsucht.

Der Mohrenkönig, dem Lied der Zikade lauschend,
hatte sich aufgerichtet.

»Was hat's denn?« Kittelseff beugte sich fragend zu ihm
herüber. »Ist was?«

»Das Lied der Zikade!« Der König Balthasar aus dem
Mohrenland strahlte vor Rührung und Dankbarkeit über
sein schwarzes Angesicht. »Das Lied der Zikade!«

Wenn er das Zirpen meine, das feine
und hohe Sirren, erwiderte Kittelseff, also das könne er ihm er-
klären. »Nämlich das ist ein
Heimchen«, sagte er, »eine

kleine Hausgrille, wie sie auf manchen Glashütten über-
wintern. Und manchmal, wenn es hübsch warm und still
in der nächtlichen Hütte ist, das Feuer im Glasofen brennt
vor sich hin und es schmilzt in den irdenen Häfen das
liebe Glas heran – dann lässt sich's mit zarter Stimme vernehmen, das Heimchen: aber nur dort, wo der Segen des
Herrn auf der Hütte ruht, wohlbemerkt.«

»Möge der Segen des Herrn euch erhalten bleiben«,
sagte der Mohrenkönig, die Arme ausbreitend. »Und das
Heimchen, wie du die kleine Grille nennst, sei bedankt
für den Trost und die Zuversicht, die mir sein Lied ge-
spendet hat.«

»Amen«, sagte der Kittelseff.

»Amen«, sagten die Hüttenjungen, der Nitsch-Hans
und Breuers Gustav. Was hätten sie sonst auch sagen
können? In Augenblicken wie diesen ist amen immer ein
gutes, ein angemessenes Wort.

Am nächsten Morgen sind die Drei Könige weitergezogen, hinaus ins Schlesische. Ums Hellwerden hatte
sich über der Iser ein jäher Westwind erhoben, der hatte
das Schneegewölk aufgerissen und weggefegt, bis der
Himmel so blank und klar war wie eine Schale von
blauem Glas, und die Sonne stieg hinter den Wäldern
auf, strahlend und groß, eine Scheibe von purem Gold.

85

Als gegen Mittag die Glasmacher in die Hütte kamen, mit ihren Gehilfen und Lehrjungen, und das glühende Glas aus dem Ofen holten mit ihren Glasmacherpfeifen, um Krüge daraus zu blasen, Flaschen und Trinkgefäße verschiedenster Art und Größe: Als gegen Mittag die Glasmacher kamen, hat keiner von ihnen geahnt, und sie haben's auch nicht erfahren, weder vom Kittelseff noch von den Hüttenjungen, wer die vergangene Nacht auf der Iserhütte verbracht hatte.

Ostern ist schon vorbei gewesen, als die Geschichte allmählich ruchbar geworden ist unter den Hüttenleuten, danach in den Bauden und auf den Dörfern im Umkreis. Und es mag sein, dass manch einer sie bloß für ein frommes Märchen hielt, deren es viele gegeben hat in den alten Zeiten.

Eines aber war unbestritten, noch meine Großeltern haben darum gewusst und daran geglaubt: Wo immer ein Heimchen sich hören ließ auf den isergebirgischen Hütten, des Nachts, wenn es warm und still war unter dem steilen Hüttendach, nur der Nachtschürer und die Hüttenjungen sind an der Arbeit gewesen, am Einschüren und am Nachschüren, während im Ofen drin, in den hohen irdenen Häfen das Glas heranschmolz – wann immer um diese stille Zeit sich ein Heimchen vernehmen ließ, nahmen's die Hüttenleute als Zeichen dafür, dass Gottes Segen auf ihrer Arbeit ruhte, und waren dankbar dafür.

Vieles hat sich verändert
seit der Zeit,
als ich noch zur Schule ging.
Aber unsere Schneemänner
sahen aus wie eure,
da gehe ich jede Wette ein …

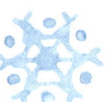
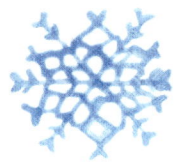

Schneemann bleibt Schneemann

In den letzten Jännertagen hatte es noch einmal kräftig geschneit. Der Schneepflug, der damals bei uns in Reichenberg noch von Pferden gezogen wurde, hatte meterhohe Schneewälle zu beiden Seiten der Straße zusammengeschoben. Bäume und Sträucher waren mit Raureif überzuckert. Dicke Eiszapfen hingen von den Dächern herab. Sie funkelten in der Sonne wie pures Bergkristall. Dies war ein Tag wie geschaffen zum Skifahren und Rodeln.

Trotzdem mussten mein Bruder Wolfi und ich heute zu Hause bleiben. Gestern waren wir nämlich so spät heimgekommen, dass der Lichtlmann schon die Gaslater-

91

nen anzündete, auf denen sich Pudelmützen aus Schnee türmten. Wir hatten beim Schanzenspringen völlig die Zeit übersehen – und zu allem Unglück war der Wolfi dann auch noch in einen Bach gefahren, weil er nicht mehr rechtzeitig hatte bremsen können. Auch seinen schönen neuen Schal hatte er dabei leider verloren.

Als wir heimkamen sagte unsere Mutter kein Wort zu der ganzen Misere. Wir mussten sofort einen heißen Tee trinken, dann hat sie den Wolfi ins Bett gesteckt und da lag er noch heute den ganzen Tag, denn er hatte sich ziemlich verkühlt.

Mich selber traf an dem Unfall eigentlich keine Schuld. Natürlich hatte ich dem nassen Pechvogel meine trockene Jacke umgehängt. Und natürlich hatte ich ihm die Ski und die Stöcke nach Hause getragen. Daher fand ich es ziemlich ungerecht, dass auch ich heute daheim bleiben sollte.

»Damit du dich in Zukunft immer daran erinnerst, dass du vor Anbruch der Dunkelheit daheim zu sein hast«, hatte die Mutter gesagt.

Nachdem ich meine Hausaufgaben erledigt hatte, ging ich in den Garten, dies wenigstens hatte man mir erlaubt. Der Wolfi erschien als blasses Bettgespenst am Fenster – und da kam mir eine Idee. »Ich bau einen Schneemann

für dich«, rief ich zu ihm hinauf. »Aber nicht irgendeinen: Ich bau dir den größten Schneemann der Welt!«

Zum Glück war es heute etwas milder als die Tage zuvor. Ich begann Kugeln aus dem pappigen Schnee zu rollen. Je größer sie wurden, desto schwerer wurden sie auch. Ich kam richtig ins Schwitzen. Als ich schon aufgeben wollte, feuerte mich der Wolfi von seinem Platz hinter dem Fenster tüchtig an.

Als ich mit letzter Kraft zwei riesige Schneekugeln nebeneinandergewuchtet hatte, musste ich leider feststellen, dass es mir einfach zu schwer war, sie aufeinanderzutürmen, wie sich das für einen richtigen Schneemann gehört. Da war guter Rat teuer, das ging über meine Kräfte.

Gerade jetzt kam zufällig unsere Tante Grete vorbei, die jüngste Schwester meiner Mutter. Sie hatte mir schon manchmal mit guten Ratschlägen weitergeholfen. Ich erzählte ihr also vom nassen Wolfi, vom verlorenen Schal und »nun auch noch das mit den schweren Schneekugeln«.

Tante Grete brauchte nicht lange zu überlegen. »Du musst ja nicht unbedingt den größten Schneemann der Welt bauen«, meinte sie schließlich. »Bau doch den ersten liegenden!«

Wenn das nicht eine großartige Idee war! Und dann hatten wir richtig Spaß dabei, den ersten größten liegenden Schneemann der Welt zu bauen.

Danach, als wir uns bei einem heißen Tee aufwärmten, ließ sich die Tante Grete vom Wolfi noch einmal den genauen Hergang seines Missgeschicks schildern. Und wer unsere Tante gekannt hat, den wird es nicht wundern, dass der erste größte liegende Schneemann der Welt am nächsten Morgen den Schal vom Wolfi um den Hals trug.

Auch die kleine Hexe
hält es nicht aus
in der warmen Stube.
Mag der Rabe Abraxas
nur ruhig
zu Hause bleiben ...

Besser als sieben Röcke

Es war Winter. Um das Hexenhaus heulte der Schnee-
sturm und rüttelte an den Fensterläden. Der kleinen
Hexe machte das wenig aus. Sie saß nun tagaus, tagein
auf der Bank vor dem Kachelofen und wärmte sich den
Rücken. Ihre Füße steckten in dicken Filzpantoffeln. Von
Zeit zu Zeit klatschte sie in die Hände – und jedes Mal,
wenn sie klatschte, sprang eines der Holzscheite, die in
der Kiste neben dem Ofen lagen, von selbst in das Feuer-
loch. Wenn sie aber gerade einmal Appetit auf Bratäpfel
hatte, so brauchte sie nur mit den Fingern zu schnalzen.
Da kamen sofort ein paar Äpfel aus der Vorratskammer
gerollt und hüpften ins Bratrohr.

Dem Raben Abraxas gefiel das. Er versicherte immer wieder aufs Neue: »So lässt sich der Winter ganz gut aushalten!«

Aber die kleine Hexe verlor mit der Zeit allen Spaß an dem faulen Leben. Eines Tages erklärte sie missmutig: »Soll ich vielleicht den ganzen Winter lang auf der Ofenbank sitzen und mir den Rücken wärmen? Ich brauch mal wieder Bewegung und frische Luft um die Nase. Komm, lass uns ausreiten!«

»Was?«, rief Abraxas entsetzt. »Wofür hältst du mich eigentlich? Bin ich ein Eisvogel? Nein, diese Lausekälte ist nichts für mich! Besten Dank für die Einladung! Bleiben wir lieber daheim in der warmen Stube!«

Da sagte die kleine Hexe: »Na schön, wie du willst! Von mir aus kannst du zu Hause bleiben, dann reite ich eben allein. Vor der Kälte ist mir nicht bange, ich werde mich warm genug anziehen.«

Die kleine Hexe zog sieben Röcke an, immer einen über den anderen. Dann band sie das große wollene Kopftuch um, fuhr in die Winterstiefel und streifte sich zwei Paar

Fäustlinge über. So ausgerüstet, schwang sie sich auf den Besen und flitzte zum Schornstein hinaus.

Bitterkalt war es draußen! Die Bäume trugen dicke, weiße Mäntel. Moos und Steine waren unter dem Schnee verschwunden. Hie und da führten Schlittenspuren und Fußstapfen durch den Wald.

Die kleine Hexe lenkte den Besen zum nächsten Dorf. Die Höfe waren tief eingeschneit. Der Kirchturm trug eine Pudelmütze von Schnee. Aus allen Schornsteinen stieg der Rauch auf. Die kleine Hexe hörte im Vorüberreiten, wie die Bauern und ihre Knechte in den Scheunen das Korn droschen: rum-pum-pum, rum-pum-pum.

Auf den Hügeln hinter dem Dorf wimmelte es von Kindern, die Schlitten fuhren. Auch Skifahrer waren darunter. Die kleine Hexe sah ihnen zu, wie sie um die Wette bergab sausten. Kurze Zeit später kam auf der Straße ein Schneepflug gefahren. Dem folgte sie eine Weile nach, dann schloss sie sich einem Schwarm Krähen an, der zur Stadt flog.

Als die kleine Hexe ums Dunkelwerden endlich wieder nach Hause kam, wollte der Rabe Abraxas gleich wissen, wie es ihr auf dem Ausritt ergangen sei. Aber die kleine Hexe entgegnete zähneklappernd: »D-das w-will ich dir sp-päter erzählen. Zuallererst m-m-m-uss ich mir einen T-Tee kochen, w-weil mir so k-kalt ist, d-dass ich k-kaum sp-prechen kann.«

»Siehst du wohl!«, krächzte Abraxas. »Das hast du nun davon, dass du bei dieser Hundekälte unbedingt ausreiten musstest! Aber du hast ja nicht auf mich hören wollen!«

Die kleine Hexe kochte sich einen großen Topf Kräutertee. Den süßte sie mit viel Zucker. Dann schlürfte sie von dem heißen Gebräu. Das tat ihr sehr wohl und bald wurde ihr wieder wärmer. Da zog sie die sieben Röcke bis auf den untersten aus, streifte Schuhe und Strümpfe ab, fuhr in die Filzpantoffeln und sagte: »Dass ich erbärmlich gefroren hab, will ich ja nicht bestreiten. Aber ich sag dir: Schön war es trotzdem!«

Sie setzte sich auf die Ofenbank und begann zu erzählen. Der Rabe Abraxas hörte ihr schweigend zu.

Erst nachdem sie ihm erzählt hatte, was sie mit dem Maronimann gemacht hatte, damit er nicht mehr zu frieren brauchte, unterbrach er sie und warf ein: »Also weißt du, allmählich verstehe ich überhaupt nichts mehr! Diesem Maronimann hilfst du mit deiner Hexerei gegen die Kälte, aber dir selbst hast du nicht geholfen? Was soll man da als vernünftiger Rabe sagen?«

»Wie meinst du das?«, fragte die kleine Hexe.

»Wie werde ich das schon meinen! Wenn ich du wäre und hexen könnte, dann brauchte ich ganz gewiss keinen heißen Kräutertee, um mich aufzuwärmen! Ich würde es gar nicht erst so weit kommen lassen!«

»Aber ich habe doch alles getan, was ich tun konnte!«, sagte die kleine Hexe. »Ich habe mir zwei Paar Fäustlinge angezogen, die Winterstiefel, das wollene Kopftuch und sieben Röcke ...«

»Ach was!«, rief Abraxas. »Ich wüsste ein Mittel gegen den Frost, das ist besser als sieben Röcke!«

»Besser als sieben Röcke?«

»Viel besser! So wahr ich ein Rabe bin und Abraxas heiße!«

Die kleine Hexe verstand ihn noch immer nicht. »Sag mir«, bat sie ihn, »was ich nach deiner Meinung versäumt habe. Aber du musst es schon deutlicher sagen und darfst nicht immer in Rätseln sprechen.«

»Spreche ich etwa in Rätseln?«, fragte Abraxas. »Die Sache ist doch so klar wie nur was! Wenn du hexen kannst, dass der Maronimann nicht zu frieren braucht – warum kannst du dann, bitte sehr, nicht das Gleiche für dich hexen?«

»Ach!«, rief die kleine Hexe und fasste sich an die Stirn.

»Das ist wahr! Wie kommt es nur, dass mir das nicht schon früher eingefallen ist? Du hast recht! Wozu bin ich denn eigentlich eine Hexe?«

»Eben, eben, eben«, stimmte Abraxas zu. »Manchmal scheinst du es ganz zu vergessen. Nur gut, dass du jemanden hast, der dich ab und zu wieder daran erinnert!«

Die kleine Hexe nickte zu diesen Worten eifrig und sagte: »Ja, ja, du bist wirklich der weiseste Rabe, der jemals aus einem Ei geschlüpft ist! Selbstverständlich werde ich deinen Rat auf der Stelle befolgen. Und wenn es dir recht ist, so will ich auch dich mit dem Hexenspruch gegen die Kälte besprechen, damit du in Zukunft nicht mehr daheimbleiben musst, wenn ich ausreite.«

»Einverstanden!«, sagte Abraxas. »Du darfst ruhig auch mir einmal etwas Gutes tun!«

Da hexte die kleine Hexe, dass sie und der Rabe nicht mehr zu frieren brauchten. Von nun an konnten sie auch bei der grimmigsten Kälte spazieren reiten, ohne dass sie vom Frost etwas spürten. Sie brauchten sich weder besonders dick anzuziehen, noch hatten sie hinterher einen Kräutertee nötig.

Und Schnupfen bekamen sie auch nicht, obwohl sie von jetzt an fast jeden Tag unterwegs waren.

Und jetzt
lade ich euch
zu einem
wirklich gemütlichen
Winterabend ein ...

Geschichten vom Plampatsch

Gegen Abend fing es wieder sacht zu schneien an, und es schneite auch an den folgenden Tagen weiter, als wollte es ewig weiterschneien.

»Herrlich!«, rief Zwottel, der ja zum ersten Mal einen richtigen Winter erlebte. »Von mir aus brauchte es überhaupt nicht mehr aufzuhören!«

»Von mir aus schon«, brummte Hörbe. »Allmählich reicht es nun.«

Morgen für Morgen mussten sich Zwottel und er einen Weg von der Haustür ins Freie wühlen, das blieb ihnen nicht erspart. Sie mussten auch mindestens einmal am Tag auf

 109

den Reisighaufen über ihrem Dach hinaufsteigen, um den Abzug über dem Schornstein freizuschaufeln.

»Da hilft nun mal alles nichts«, sagte Hörbe. »Rauch muss abziehen können, sonst brennt das Feuer im Ofen nicht.«

Werktags war Zwottel weiterhin jeden Mittag in einem anderen Hutzelmannhaus zu Gast – mochte es draußen auch stöbern und schneien, so viel es wollte.

Schneereifen brauchte er nicht, wenn er ausging. Er flitzte auf nackten Sohlen so flink dahin, dass es aussah, als huschte da eine Waldmaus über den Schnee. Und die Spur seiner Füße verwischte er hinter sich mit dem Zottelschwanz, dass es nur so staubte.

Um diese Jahreszeit wurde es selbst bei Tageslicht in den Häusern der Hutzelmänner nicht richtig hell. Es war bloß ein matter Dämmerschein, den der Schnee bei den Fenstern hereinließ; und doch war es in den Stuben an solchen Wintertagen besonders heimelig.

»Unsereins findet das ganz-ganz abscheulich schön«, sagte Zwottel. »Ein Haus unterm Schnee ist wirklich das Bi-Ba-Beste, was man im Winter haben kann!«

Hörbe war froh darüber, dass er nun endlich wieder Zeit fand, Körbe zu flechten: große und kleine, Buckelkörbe und Henkelkörbe.

Zwottel schaute ihm dabei zu und meinte: »Was man aus dünnen Zweigen nicht alles machen kann! Unsereins hätte das nie für möglich gehalten …«

An den Abenden brach die Dunkelheit schon früh herein. Manchmal warteten Zwottel und Hörbe noch eine Weile, bevor sie Licht machten.

Das Feuer knisterte hinter der Ofentür. Der Flammenschein drang an den Rändern hervor, er tauchte die Stube in rotes Licht, bald stärker, bald schwächer. Dann konnten sie an der Wand ihre eigenen Schatten sehen: sehr groß und ein bisschen unheimlich. Dies war die Stunde, in der sie sich gegenseitig Geschichten erzählten.

Von Abenteuern in fernen Wäldern war dann die Rede, von grässlichen Ungeheuern, mit denen sie's in der Fremde zu tun bekamen – und immer wieder vom Plampatsch. Vom Plampatsch, von dem sie ja beide wussten, dass es ihn gar nicht gab.

Sie wussten auch, dass sie sich nicht zu fürchten brauchten vor ihm, nicht im Mindesten.

Trotzdem erfanden sie immer neue und neue Plampatschgeschichten: je schauriger, desto besser – und wenn ihnen dann beim Zuhören und Erzählen die Gänsehaut

über den Rücken lief, war es doppelt schön, in der warmen Stube zu sitzen, beim flackernden Feuerschein.

»Ist ja nicht schwer zu begreifen«, versicherte eines solchen Abends der Zottelschratz. »Wenn unsereins nämlich weiß, dass sich unsereins eigentlich überhaupt nicht zu fürchten braucht, fürchtet sich unsereins manchmal schrecklich gern …«

In manchen Gegenden
heißt er »Fasching«,
anderswo »Karneval«.
Wie dem auch sei,
lustig wird es bestimmt,
wenn die kleine Hexe
Fastnacht feiert …

Fastnacht im Wald

»Fastnacht«, meinte an diesem Abend der Rabe Abraxas, als sie daheim in der warmen Stube saßen und warteten, bis die Bratäpfel gar wären, »Fastnacht ist eine famose Sache! Nur schade, dass es bei uns im Wald keine Fastnacht gibt!«

»Fastnacht im Wald?«, fragte die kleine Hexe und blickte von ihrem Strickstrumpf auf. »Warum soll es bei uns im Wald keine Fastnacht geben?«

Da sagte der Rabe: »Das weiß ich nicht. Aber es ist einmal so und es lässt sich nicht ändern.«

Die kleine Hexe lachte in sich hinein, denn ihr war bei den Worten des Raben ein lustiger Einfall gekommen. Sie

schwieg aber vorerst darüber, stand auf, ging zum Ofen und holte die Bratäpfel. Als sie die Äpfel verspeist hatten, sagte sie: »Übrigens, lieber Abraxas, ich muss dich um einen Gefallen bitten … Fliege doch morgen früh durch den Wald und bestelle den Tieren, die dir begegnen werden, sie möchten am Nachmittag alle zum Hexenhaus kommen!«

»Das kann ich schon machen«, sagte Abraxas. »Nur werden die Tiere auch wissen wollen, warum du sie einlädst. Was soll ich da antworten?«

»Antworte«, sagte die kleine Hexe wie obenhin, »dass ich sie auf die Fastnacht einlade.«

»Wie?«, rief Abraxas, als ob er nicht recht gehört habe. »Sagtest du: auf die Fastnacht?!«

»Ja«, wiederholte die kleine Hexe, »ich lade sie auf die Fastnacht ein – auf die Fastnacht im Wald.«

Auf dies hin bestürmte der Rabe Abraxas die kleine Hexe mit tausend Fragen. Was sie denn vorhabe, wollte er wissen, und ob es auf ihrer Fastnacht auch Chinesen und Indianer geben werde.

»Abwarten!«, sagte die kleine Hexe. »Wenn ich dir heute schon alles verraten würde, dann hättest du morgen den halben Spaß daran.«

Dabei blieb es.

Der Rabe Abraxas flog also am nächsten Tag durch den Wald und bestellte den Tieren, sie möchten am Nachmittag alle zum Hexenhaus kommen. Und wenn sie mit anderen Tieren zusammenträfen, dann sollten sie denen das Gleiche bestellen. Je mehr auf die Fastnacht kämen, versicherte er, desto besser.

Am Nachmittag kam es auch richtig von allen Seiten herbeigeströmt: Eichhörnchen, Rehe und Hasen, zwei Hirsche, ein Dutzend Kaninchen und Scharen von Waldmäusen. Die kleine Hexe hieß sie willkommen und sagte, als alle versammelt waren: »Nun wollen wir Fastnacht feiern!«

»Wie macht man das?«, piepsten die Waldmäuse.

»Heute soll jeder anders sein, als er sonst ist«, erklärte die kleine Hexe. »Ihr könnt euch zwar nicht als Cowboys und Indianer verkleiden, aber dafür kann ich hexen!« Sie hatte sich längst überlegt, was sie hexen wollte. Den Hasen hexte sie Hirschgeweihe, den Hirschen hexte sie Hasenohren. Die Waldmäuse ließ sie wachsen, bis sie so groß wie Kaninchen waren und die Kaninchen ließ sie zusammenschrumpfen, dass sie wie Waldmäuse wurden. Den Rehen hexte sie rote, blaue und grasgrüne Felle, den Eichhörnchen hexte sie Rabenflügel.

 119

»Und ich?«, rief Abraxas. »Ich hoffe doch, dass du auch mich nicht vergessen wirst!«

»Aber nein«, sprach die kleine Hexe. »Du kriegst einen Eichhörnchenschwanz!«

Sich selber hexte sie Eulenaugen und Pferdezähne. Da sah sie beinahe genauso hässlich aus wie die Muhme Rumpumpel.

Als sie nun alle verwandelt waren, hätte die Fastnacht beginnen können. Aber auf einmal vernahmen sie von drüben, vom Backofen her, eine heisere Stimme.

»Darf man da mitfeiern?«, fragte die Stimme, und als sich die Tiere verwundert umschauten, kam um die Backofenecke ein Fuchs geschlichen.

»Ich bin zwar nicht eingeladen«, sagte der Fuchs, »aber sicherlich werden die Herrschaften nichts dagegen haben, wenn ich so frei bin und trotzdem zur Fastnacht komme ...«

Die Hasen schüttelten ängstlich die Hirschgeweihe, die Eichhörnchen flatterten vorsichtshalber aufs Hexenhaus und die Waldmäuse drängten sich schutzsuchend hinter die kleine Hexe.

»Fort mit ihm!«, riefen entsetzt die Kaninchen. »Das fehlte noch! Nicht einmal sonst sind wir sicher vor diesem Halunken! Und jetzt, wo wir klein sind wie Waldmäuse, ist es erst recht gefährlich!«

Der Fuchs tat beleidigt. »Bin ich den Herrschaften etwa nicht fein genug?« Schwanzwedelnd bat er die kleine Hexe: »Lasst mich doch mitmachen!«

»Wenn du versprichst, dass du niemandem etwas zuleide tust ...«

»Das verspreche ich«, sagte er scheinheilig. »Ich verpfände mein Wort dafür. Wenn ich es brechen sollte, will ich mein Leben lang nur noch Kartoffeln und Rüben fressen!«

»Das würde dir schwerfallen«, sagte die kleine Hexe. »Wir wollen es gar nicht erst so weit kommen lassen!«

Und weil die kleine Hexe den schönen Reden misstraute, so hexte sie kurz entschlossen dem Fuchs einen Entenschnabel.

Jetzt konnten die anderen Tiere beruhigt sein, denn es war ihm beim besten Willen nicht möglich, sie aufzufressen. Sogar die zusammengeschrumpften Kaninchen brauchten ihn nicht zu fürchten.

Die Fastnacht im Wald dauerte bis in den späten Abend. Die Eichhörnchen spielten Fangen, der Rabe Abraxas neckte die bunten Rehe mit seinem buschigen Schwanz, die Kaninchen hopsten dem Fuchs vor dem Schnabel herum und die Waldmäuse machten Männchen und piepsten den Hirschen zu: »Bildet euch ja nichts ein, ihr seid auch nicht viel größer als wir!« Die Hirsche nahmen es ihnen nicht weiter übel; sie stellten abwechselnd einmal das linke und einmal das rechte Hasenohr auf und im Übrigen dachten sie: Fastnacht ist Fastnacht!

Zuletzt, als der Mond schon am Himmel stand, sagte die kleine Hexe: »Nun wird es allmählich höchste Zeit, dass wir Schluss machen. Aber bevor ihr nach Hause geht, sollt ihr noch etwas zu fressen bekommen!«

Sie hexte den Rehen und Hirschen ein Fuder Heu vor, den Eichhörnchen einen Korb voller Haselnüsse, den Waldmäusen Haferkörner und Bucheckern. Den Kaninchen und Hasen spendierte sie je einen halben Kohlkopf. Zuvor aber hexte sie alle Tiere in ihre gewöhnliche Größe, Gestalt und Farbe zurück – nur den Fuchs nicht.

»Entschuldige«, schnatterte der Fuchs mit dem Entenschnabel, »kann ich nicht auch meine Schnauze zurückbekommen? Und wenn du den Rehen und Hasen zu fressen gibst – warum mir nicht?«

»Gedulde dich«, sagte die kleine Hexe, »du sollst nicht zu kurz kommen! Warte nur, bis sich die anderen Gäste empfohlen haben. Bis dahin – du weißt schon!«

 124

Der Fuchs musste warten, bis auch die letzte Waldmaus in ihrem Loch war. Dann endlich befreite die kleine Hexe auch ihn von dem Entenschnabel. Erleichtert fletschte der Fuchs die Zähne und machte sich heißhungrig über die Knackwürste her, die jetzt plötzlich vor seiner Nase im Schnee lagen.

»Schmecken sie?«, fragte die kleine Hexe.

Aber der Fuchs war so sehr mit den Würsten beschäftigt, dass er ihr keine Antwort gab – und das war ja, im Grund genommen, auch eine Antwort.

Und dann, so um Ostern herum,
kommt der Frühling wirklich!
Zeit für mich,
von Euch und vom Winter
Abschied zu nehmen.
Zuvor aber möchte ich euch
eine letzte Geschichte erzählen,
die Geschichte von Wanja,
einem einfachen russischen Bauernburschen …

Wanja und der blinde Bettler

Wanja war gegen Ende des Winters siebzehn geworden. Im Frühling trug sich jene merkwürdige Geschichte zu, mit der alles Weitere seinen Anfang nahm. Es war in den Wochen vor Ostern. Von einem Tag auf den anderen waren die Wiesen grün geworden. Die Weidenbäume am Fluss trugen dicke goldene Kätzchen. Endlich konnten die Frauen und Mädchen im Dorf die schweren, dunklen Wolltücher ablegen.

Grischa und Sascha waren in aller Morgenfrühe zum Pflügen aufs Feld gefahren; Wassili Grigorewitsch grub den Gemüsegarten hinter dem Stall um; und das Tantchen ging seiner Arbeit in Haus und Küche nach, flink

129

und emsig wie eine Haselmaus. Nur Wanja saß faul bei den Bienenkörben und sonnte sich.

Stunde um Stunde verstrich, schon war der Vormittag fast herum, da kam Tante Akulina hinter das Haus gelaufen, um Wanja zu suchen.

»Wanjuscha, Goldstück, magst du mir einen Gefallen tun? Morgen beginne ich mit dem Osterputz. Geh doch und hol mir im Wald einen Armvoll Birkenreiser für einen neuen Besen!«

»Jetzt gleich?«, fragte Wanja gähnend. »Es ist bald Mittag ...«

»Tut nichts, du kriegst einen Beutel mit gutem Essen mit: Brot und Speck, ein paar harte Eier und ein Stück Schafskäse.«

»Einen Pfannkuchen auch?«

»Meinetwegen auch zwei. Aber mach schon, dir zuliebe kann ich mit dem Osterputz nicht bis Pfingsten warten!«

Sie huschte geschäftig davon und verschwand im Haus. Wanja schlenderte ohne besondere Eile hinüber zum Holzschuppen, wo die Beile hingen. Das leichteste wählte er aus, dann holte er in der Küche den Beutel mit seinem Essen ab.

»Komm gut wieder!«, rief ihm das Tantchen nach. »Und sieh zu, dass die Reiser hübsch lang und geschmeidig

130

sind, nicht zu dünn und auch nicht zu dick! Na, du weißt schon!«

Es war für die Jahreszeit ziemlich warm heute. Wanja bemühte sich, unterwegs nicht in Schweiß zu geraten, was nicht ganz einfach war. Langsam setzte er Schritt vor Schritt. Als er am Waldrand ankam, merkte er, dass er Hunger hatte. »Auch gut, dann machen wir erst mal Mittag.«

Die Birken waren noch nicht belaubt. Er suchte sich zwischen den Stämmen ein sonniges Plätzchen im Gras, schnürte den Beutel auf und verzehrte in aller Ruhe, was Tante Akulina ihm eingepackt hatte: das Brot und den Speck, die Eier, den Schafskäse und die beiden Pfannkuchen. Dazu trank er aus einer hölzernen Flasche Kwass.

Als er den letzten Bissen hinuntergespült hatte, musste er gähnen. Vom Essen und Trinken schläfrig geworden, beschloss er: »Ich werde mich eine Stunde aufs Ohr legen. Wenn ich dann mit der Arbeit anfange, ist es immer noch früh genug.«

Wanja streckte sich auf den Rasen nieder und schloss die Augen. Die Sonne schien durch das kahle Geäst herein, sie wärmte ihn angenehm. »So lässt sich die Arbeit zur Not eine Weile aushalten«, dachte er. Schon halb eingeschlafen, hörte er plötzlich ein sonderbares Geräusch,

131

ein Klappern, das aus der Tiefe des Waldes kam und sich langsam näherte. Jemand schlug da mit einem Stecken gegen die Bäume, flüchtig, in kurzen, unregelmäßigen Abständen: tok – tok-tak-tok – tok – tak.

Wanja richtete sich ein wenig auf und rieb sich die Augen. Er sah einen hochgewachsenen alten Mann durch den Wald auf sich zukommen, schlohweiß der Bart und schlohweiß das lange, offene Haar. Wanja kannte ihn nicht. Der Alte war weder aus seinem Dorf noch aus einem der Nachbardörfer. Er trug einen Pilgermantel aus grauem Tuch und schlug im Dahinschreiten unablässig mit seinem Wanderstab gegen die Bäume, denn – er war blind. Wanja sah das erst jetzt, als er näher hinschaute.

Der Blinde, so schien es, strebte einem bestimmten Ziel zu. Und das Ziel, daran gab es bald keinen Zweifel, war Wanja. Zwei Schritte vor ihm blieb der Alte stehen. Er kreuzte die Arme, verneigte sich, sprach ihn freundlich an. Seine Stimme klang tief und voll, es schwang etwas darin mit, das erinnerte Wanja an das Summen eines Bienenschwarms.

»Du bist Wanja, der Sohn des Bauern Wassili Grigorewitsch hier im Dorf? Ich habe mit dir zu reden.«

»Mit mir?«, fragte Wanja erstaunt.

Statt zu antworten, setzte der Blinde sich neben ihn ins Gras. »Was würdest du sagen«, begann er, »wenn jemand käme und dir eröffnete, dass du Zar werden sollst?«

»Den würde ich auslachen«, sagte Wanja.

»Und doch wartet in einem fernen Land eine Zarenkrone auf dich«, fuhr der Alte fort.

»Auf mich?« Wanja musste nun wirklich lachen. »Du scheinst nicht zu wissen, Väterchen, dass ich der faule Wanja bin. Ich – und Zar werden!«

»Lach du nur!«, sagte der Blinde geduldig. »Wenn du zu Ende gelacht hast, kannst du dir ja mal anhören, was du tun musst.«

»Nämlich?«

»Um Zar zu werden, brauchst du zunächst eine Zeit lang nichts weiter zu tun – als zu faulenzen.«

»Faulenzen?«

Wanja glaubte nicht recht zu hören.

»Ja, auf dem Backofen liegen und faulenzen – um für die schweren und großen Aufgaben, die dir bevorstehen, Kraft zu sammeln. Geh jetzt heim und besorge dir sieben Säcke voll Sonnenblumenkerne und sieben Schafspelze!«

»Was soll ich damit?«

»Du steigst damit auf den Backofen«, sagte der Blinde, »und bleibst dort liegen, bis deine Stunde gekommen ist.

Du darfst aber, merk dir das, während der ganzen Zeit nicht vom Ofen heruntersteigen, mit niemandem reden und nichts anderes essen als Sonnenblumenkerne, davon freilich so viel du magst.«

Wanja schob die Mütze vom linken Ohr auf das rechte und überlegte. Es gab auf Wassili Grigorewitschs Hof zwei Backöfen: einen kleineren hinter dem Haus, der dem Tantchen zum Brotbacken während des Sommers diente, und einen zweiten, bedeutend größeren, in der Wohnstube. Dieser zweite, er füllte die ganze hintere Ecke des Raumes aus, war ein mannshoher, kastenförmiger Ziegelbau, außen sauber mit Lehm verstrichen und weiß getüncht. Geheizt wurde er vom Flur her, und das in den Wintermonaten Tag und Nacht. Es pflegte daher auf dem Backofen in der Wohnstube sommers kühl zu sein; und im Winter, wenn draußen der Frost klirrte und die Wölfe ums Dorf heulten, war es dort oben behaglich warm. Auf jeden Fall, meinte Wanja, ließ es sich da eine Weile aushalten. Im Faulenzen war er ohnehin Meister, Sonnenblumenkerne knackte er für sein Leben gern, und eine Zeit lang mit niemandem ein Wort zu reden, das sollte ihm auch nicht schwerfallen.

»Woran merke ich, wann meine Stunde gekommen ist?«, wollte er wissen.

»Immer dann, wenn du einen der Säcke mit Sonnenblumenkernen leer gegessen hast, musst du versuchen, das Dach über deines Vaters Haus, mit den Armen emporzustemmen«, antwortete der Blinde. »Schaffst du es, dass der Mond und die Sterne zu dir hereinscheinen durch den Spalt zwischen Dach und Mauer: dann ist es so weit. Dann, und nicht einen Tag früher, darfst du vom Ofen heruntersteigen und aufbrechen in das ferne Land, wo die Krone wartet, die dir bestimmt ist – die Zarenkrone.«

Für die Bibliografie haben wir aus den Büchern von Otfried Preußler einige ausgewählt, die wir besonders seinen jüngeren Lesern empfehlen. Alle Bücher sind in der Thienemann-Esslinger Verlag GmbH, Stuttgart, erschienen.

Bücher zum Vorlesen und fürs erste Selberlesen

Die Abenteuer des starken Wanja

Der Engel mit der Pudelmütze

Das kleine Gespenst

Die kleine Hexe

Der kleine Wassermann

Hörbe mit dem großen Hut

Hörbe und sein Freund Zwottel

Der Räuber Hotzenplotz

Neues vom Räuber Hotzenplotz

Hotzenplotz 3

Der Räuber Hotzenplotz und die Mondrakete

Bilderbücher

Die dumme Augustine (illustriert von Herbert Lentz)

Das Eselchen und der kleine Engel (illustriert von Christiane Hansen)

Jahrmarkt in Rummelsbach (illustriert von Rosi Vogel)

Das kleine Gespenst – Tohuwabohu auf Burg Eulenstein

(erzählt von Susanne Preußler-Bitsch, illustriert von Daniel Napp)

Die kleine Hexe – Ausflug mit Abraxas (erzählt von Susanne Preußler-Bitsch, illustriert von Daniel Napp)

Der kleine Wassermann – Frühling im Mühlenweiher (gemeinsam mit Regine Stigloher, illustriert von Daniel Napp)

Der kleine Wassermann – Sommerfest im Mühlenweiher (gemeinsam mit Regine Stigloher, illustriert von Daniel Napp)

Der kleine Wassermann – Herbst im Mühlenweiher (gemeinsam mit Regine Stigloher, illustriert von Daniel Napp)

Das große Buch vom kleinen Wassermann (gemeinsam mit Regine Stigloher, illustriert von Daniel Napp)

Lauf, Zenta, lauf (illustriert von Karin Lechler)

Das Märchen vom Einhorn (illustriert von Gennadij Spirin)

Wo steckt Tella? (illustriert von Petra Probst)

Das Quellenverzeichnis belegt, wo die Geschichten aus diesem Buch erstmals erschienen sind:

»Gute Nacht, kleiner Wassermann!«, aus: Otfried Preußler, *Der kleine Wassermann,* Thienemann Verlag, 60. Aufl., Stuttgart 2011 (Erstausgabe: 1956)

»Es schneit, es schneit«, aus: Otfried Preußler, *Hörbe und sein Freund Zwottel,* Thienemann Verlag, 15. Aufl., Stuttgart 2010 (Erstausgabe: 1983)

»Winterfreuden«, aus: Otfried Preußler, *Hörbe und sein Freund Zwottel,* Thienemann Verlag, 15. Aufl., Stuttgart 2010 (Erstausgabe: 1983)

»Lieber guter Nikolaus«, © 2011 Otfried Preußler

»Wollen wir singen, Kinder?«, aus: Otfried Preußler, *Herr Klingsor konnte ein bisschen zaubern,* Thienemann Verlag, 10. Aufl., Stuttgart 2006 (Erstausgabe: 1987)

»Die Krippe im Museum«, © 2011 Otfried Preußler

»Das Eselchen und der kleine Engel«, aus: Otfried Preußler, *Das Eselchen und der kleine Engel,* illustriert von Julian Jusim, Thienemann Verlag, 5. Aufl., Stuttgart 2000 (Erstausgabe: 1993)

»Das Lied der Zikade«, aus: Otfried Preußler, *Dreikönigs-ge-schichten,* dtv junior, München 1989

»Schneemann bleibt Schneemann«, © 2011 Otfried Preußler

»Besser als sieben Röcke«, aus: Otfried Preußler, *Die kleine Hexe,* Thienemann Verlag, 71. Aufl., Stuttgart 2011 (Erstaus-gabe: 1957)

»Geschichten vom Plampatsch«, aus: Otfried Preußler, *Hörbe und sein Freund Zwottel,* Thienemann Verlag, 15. Aufl., Stuttgart 2010 (Erstausgabe: 1983)

»Fastnacht im Wald«, aus: Otfried Preußler, *Die kleine Hexe,* Thienemann Verlag, 71. Aufl., Stuttgart 2011 (Erstausgabe: 1957)

»Wanja und der blinde Bettler« aus: Otfried Preußler, *Die Abenteuer des starken Wanja,* Thienemann Verlag, Neuausg., Stuttgart 2010 (Erstausgabe: 1968 im Arena Verlag, Würz-burg; 1981 im Thienemann Verlag, Stuttgart)

Preußler, Otfried:
Winterzeit, tief verschneit
Geschichten zum Vorlesen
ISBN 978 3 522 18514 1

Herausgegeben von Regine Stigloher

Gesamtausstattung: Daniela Chudzinski
Umschlagtypografie: Doris Grüniger, buchundgrafik.ch
Innentypografie: Sabine Conrad
Satz: KCS GmbH, Stelle/Hamburg
Reproduktion: Schwabenrepro GmbH, Fellbach
Druck und Bindung: Livonia Print, Riga

© dieser Neuausgabe 2019 Thienemann in der Thienemann-Esslinger Verlag GmbH, Stuttgart
© der Originalausgabe 2011 Thienemann in der Thienemann-Esslinger Verlag GmbH, Stuttgart
Printed in Latvia. Alle Rechte vorbehalten.
Wir behalten uns die Nutzung unserer Inhalte für Text und
Data Mining im Sinne von § 44b UrhG ausdrücklich vor.
www.thienemann.de
7. Auflage 2024

Es lebe die Freundschaft!

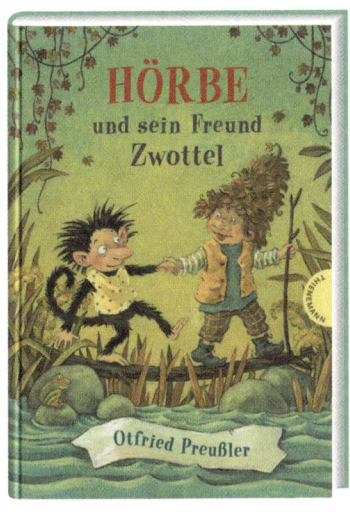

Otfried Preußler, Annette Swoboda

Hörbe und sein Freund Zwottel

112 Seiten · Gebunden
ISBN 978-3-522-18494-6

Gibt es ein größeres Glück auf der Welt, als gute Freunde zu haben? Hörbe, der Hutzelmann aus dem Siebengiebelwald, und Zwottel, der Zottelschratz, gründen nach ihren glücklich überstandenen Abenteuern eine Wohngemeinschaft in Hörbes Hutzelmannhaus. Für Zwottel ist das eine völlig neue Welt. Er weiß nicht, was ein Tisch oder ein Stuhl ist, und er weiß auch nicht, was ein Schornstein ist. Da kann es schon mal sein, dass er im Schornstein stecken bleibt. Doch was auch passiert – das Wichtigste ist, dass Hörbe und Zwottel zusammen sind.

THIENEMANN
Wir schreiben Geschichten!

www.thienemann-esslinger.de

Die kolorierte Ausgabe
des Klassikers

Otfried Preußler, Mathias Weber,
Winnie Gebhardt

Die kleine Hexe

112 Seiten · Gebunden
ISBN 978-3-522-18362-8

Die kleine Hexe ist mit ihren 127 Jahren viel zu jung, um mit den großen Hexen in der Walpurgisnacht auf dem Blocksberg zu tanzen. Doch das ist ihr egal: Sie springt auf ihren Besen und feiert den Hexentanz mit. Dass sie dabei erwischt werden könnte, damit hat sie allerdings nicht gerechnet. Zur Strafe muss sie alle Zaubersprüche auswendig lernen und versprechen, eine gute Hexe zu werden. Aber wie soll sie das nur schaffen? Zum Glück hilft ihr der Rabe Abraxas, ihr bester Freund.

THIENEMANN
Wir schreiben Geschichten!

www.thienemann-esslinger.de